Guest

40

Special Message

_____

_____

_____

_____

_____

_____

_____

_____

_____

_____

_____

_____

_____

_____

Guest

Special Message

_____

_____

_____

_____

_____

_____

_____

_____

_____

_____

_____

_____

_____

_____

Photos

Name _____

40
&
Fabulous

On _____

Place _____

Photos

Guest   40   Special Message

_____   _____

_____   _____

_____   _____

_____   _____

_____   _____

_____   _____

Guest   Special Message

_____   _____

_____   _____

_____   _____

_____   _____

_____   _____

Photos

Guest   40   Special   Message

_____   _____

_____   _____

_____   _____

_____   _____

_____   _____

_____   _____

Guest   Special   Message

_____   _____

_____   _____

_____   _____

_____   _____

_____   _____

_____   _____

Photos

Guest   40   Special   Message

_____   _____

_____   _____

_____   _____

_____   _____

_____   _____

_____   _____

Guest   Special   Message

_____   _____

_____   _____

_____   _____

_____   _____

_____   _____

_____   _____

Photos

Guest   *40*   Special Message

_____   _____

_____   _____

_____   _____

_____   _____

_____   _____

_____   _____

Guest   Special Message

_____   _____

_____   _____

_____   _____

_____   _____

_____   _____

_____   _____

Photos

Guest   40   Special Message

_____   _____

_____   _____

_____   _____

_____   _____

_____   _____

_____   _____

Guest   Special Message

_____   _____

_____   _____

_____   _____

_____   _____

_____   _____

_____   _____

Photos

Guest   *40*   Special   Message

_____   _____

_____   _____

_____   _____

_____   _____

_____   _____

_____   _____

Guest   Special   Message

_____   _____

_____   _____

_____   _____

_____   _____

_____   _____

_____   _____

Photos

40

Guest

Special Message

_____

_____

_____

_____

_____

_____

Guest

Special Message

_____

_____

_____

_____

_____

Photos

Guest   40   Special Message

_____   _____

_____   _____

_____   _____

_____   _____

_____   _____

_____   _____

Guest   Special Message

_____   _____

_____   _____

_____   _____

_____   _____

_____   _____

_____   _____

Photos

Guest   40   Special   Message

_____   _____

_____   _____

_____   _____

_____   _____

_____   _____

_____   _____

Guest   Special   Message

_____   _____

_____   _____

_____   _____

_____   _____

_____   _____

_____   _____

Photos

Guest   **40**   Special Message

_____   _____

_____   _____

_____   _____

_____   _____

_____   _____

_____   _____

Guest   Special Message

_____   _____

_____   _____

_____   _____

_____   _____

_____   _____

Photos

Guest   40   Special   Message

_____   _____
_____   _____
_____   _____
_____   _____
_____   _____
_____   _____

Guest   Special   Message

_____   _____
_____   _____
_____   _____
_____   _____
_____   _____
_____   _____

Photos

Guest   40   Special   Message

_____   _____
_____   _____
_____   _____
_____   _____
_____   _____
_____   _____

Guest   Special   Message

_____   _____
_____   _____
_____   _____
_____   _____
_____   _____

Photos

Guest   40   Special Message

_____   _____

_____   _____

_____   _____

_____   _____

_____   _____

_____   _____

Guest   Special Message

_____   _____

_____   _____

_____   _____

_____   _____

_____   _____

_____   _____

Photos

Guest   40   Special Message

_____   _____

_____   _____

_____   _____

_____   _____

_____   _____

Guest   Special Message

_____   _____

_____   _____

_____   _____

_____   _____

_____   _____

Photos

40

Guest

Special Message

_____   _____
_____   _____
_____   _____
_____   _____
_____   _____
_____   _____

Guest

Special Message

_____   _____
_____   _____
_____   _____
_____   _____
_____   _____
_____   _____

Photos

Guest   40   Special   Message

_____   _____
_____   _____
_____   _____
_____   _____
_____   _____
_____   _____
_____   _____

Guest   Special   Message

_____   _____
_____   _____
_____   _____
_____   _____
_____   _____
_____   _____

Photos

Guest   *40*   Special Message

_____
_____
_____
_____
_____
_____

_____
_____
_____
_____
_____
_____

Guest   Special Message

_____
_____
_____
_____
_____
_____

_____
_____
_____
_____
_____
_____

Photos

Guest   40   Special   Message

_____   _____

_____   _____

_____   _____

_____   _____

_____   _____

Guest   Special   Message

_____   _____

_____   _____

_____   _____

_____   _____

_____   _____

Photos

Guest   40   Special Message

_____   _____

_____   _____

_____   _____

_____   _____

_____   _____

_____   _____

Guest   Special Message

_____   _____

_____   _____

_____   _____

_____   _____

_____   _____

Photos

Guest   40   Special   Message

_____   _____
_____   _____
_____   _____
_____   _____
_____   _____
_____   _____

Guest   Special   Message

_____   _____
_____   _____
_____   _____
_____   _____
_____   _____

Photos

Guest   **40**   Special   Message

_____   _____

_____   _____

_____   _____

_____   _____

_____   _____

_____   _____

Guest   Special   Message

_____   _____

_____   _____

_____   _____

_____   _____

_____   _____

_____   _____

Photos

Guest 40 Special Message

_____

_____

_____

_____

_____

_____

_____

_____

_____

_____

_____

_____

Guest Special Message

_____

_____

_____

_____

_____

_____

_____

_____

_____

_____

_____

_____

Photos

Guest   40   Special   Message

_____

_____

_____

_____

_____

_____

Guest   Special   Message

_____

_____

_____

_____

_____

Photos

40

Guest

_____
_____
_____
_____
_____
_____

Special Message

_____
_____
_____
_____
_____
_____

Guest

_____
_____
_____
_____
_____

Special Message

_____
_____
_____
_____
_____

Photos

Guest   40   Special   Message

_____   _____

_____   _____

_____   _____

_____   _____

_____   _____

Guest   Special   Message

_____   _____

_____   _____

_____   _____

_____   _____

_____   _____

Photos

Guest   40   Special   Message

_____   _____

_____   _____

_____   _____

_____   _____

_____   _____

_____   _____

Guest   Special   Message

_____   _____

_____   _____

_____   _____

_____   _____

_____   _____

_____   _____

Photos

Guest   40   Special   Message

_____

_____

_____

_____

_____

_____

Guest   Special   Message

_____

_____

_____

_____

_____

_____

Photos

Guest   40   Special   Message

_____   _____

_____   _____

_____   _____

_____   _____

_____   _____

_____   _____

Guest   Special   Message

_____   _____

_____   _____

_____   _____

_____   _____

_____   _____

_____   _____

Photos

Guest   40   Special   Message

_____   _____
_____   _____
_____   _____
_____   _____
_____   _____
_____   _____
_____   _____

Guest   Special   Message

_____   _____
_____   _____
_____   _____
_____   _____
_____   _____
_____   _____

Photos

Guest   40   Special   Message

_____
_____
_____
_____
_____
_____
_____

_____
_____
_____
_____
_____
_____
_____

Guest   Special   Message

_____
_____
_____
_____
_____
_____

_____
_____
_____
_____
_____
_____

Photos

Guest   40   Special   Message

_____   _____

_____   _____

_____   _____

_____   _____

_____   _____

_____   _____

_____   _____

Guest   Special   Message

_____   _____

_____   _____

_____   _____

_____   _____

_____   _____

_____   _____

Photos

Guest   40   Special Message

_____   _____

_____   _____

_____   _____

_____   _____

_____   _____

_____   _____

_____   _____

Guest   Special Message

_____   _____

_____   _____

_____   _____

_____   _____

_____   _____

_____   _____

_____   _____

Photos

40

Guest

Special Message

_____

_____

_____

_____

_____

_____

_____

Guest

Special Message

_____

_____

_____

_____

_____

_____

Photos

Guest   40   Special   Message

_____   _____
_____   _____
_____   _____
_____   _____
_____   _____
_____   _____

Guest   Special   Message

_____   _____
_____   _____
_____   _____
_____   _____
_____   _____

Photos

Guest   40   Special   Message

_____   _____

_____   _____

_____   _____

_____   _____

_____   _____

_____   _____

Guest   Special   Message

_____   _____

_____   _____

_____   _____

_____   _____

_____   _____

Photos

Guest   40   Special   Message

_____
_____
_____
_____
_____
_____

_____
_____
_____
_____
_____
_____

Guest

_____
_____
_____
_____
_____
_____

Special   Message

_____
_____
_____
_____
_____
_____

Photos

Guest   40   Special   Message

_____
_____
_____
_____
_____
_____

_____
_____
_____
_____
_____
_____

Guest   Special   Message

_____
_____
_____
_____
_____
_____

_____
_____
_____
_____
_____
_____

Photos

Guest   40   Special Message

_____

_____

_____

_____

_____

_____

_____

Guest   Special Message

_____

_____

_____

_____

_____

_____

_____

Photos

Guest   40   Special   Message

_____   _____

_____   _____

_____   _____

_____   _____

_____   _____

_____   _____

Guest   Special   Message

_____   _____

_____   _____

_____   _____

_____   _____

_____   _____

_____   _____

Photos

Guest   40   Special   Message

_____   _____

_____   _____

_____   _____

_____   _____

_____   _____

_____   _____

Guest   Special   Message

_____   _____

_____   _____

_____   _____

_____   _____

_____   _____

Photos

Guest　40　Special Message

_____　_____
_____　_____
_____　_____
_____　_____
_____　_____
_____　_____

Guest　Special Message

_____　_____
_____　_____
_____　_____
_____　_____
_____　_____

Photos

Guest   40   Special Message

_____   _____

_____   _____

_____   _____

_____   _____

_____   _____

_____   _____

Guest   Special Message

_____   _____

_____   _____

_____   _____

_____   _____

_____   _____

Photos

Guest   40   Special   Message

_____   _____

_____   _____

_____   _____

_____   _____

_____   _____

_____   _____

Guest   Special   Message

_____   _____

_____   _____

_____   _____

_____   _____

_____   _____

Photos

Guest   40   Special   Message

_____   _____
_____   _____
_____   _____
_____   _____
_____   _____
_____   _____

Guest   Special   Message

_____   _____
_____   _____
_____   _____
_____   _____
_____   _____

Photos

Guest   40   Special Message

_____   _____

_____   _____

_____   _____

_____   _____

_____   _____

_____   _____

Guest   Special Message

_____   _____

_____   _____

_____   _____

_____   _____

_____   _____

_____   _____

Photos

Guest   40   Special   Message

_____   _____

_____   _____

_____   _____

_____   _____

_____   _____

_____   _____

Guest   Special   Message

_____   _____

_____   _____

_____   _____

_____   _____

_____   _____

_____   _____

Photos

Guest   *40*   Special   Message

_____   _____

_____   _____

_____   _____

_____   _____

_____   _____

_____   _____

Guest   Special   Message

_____   _____

_____   _____

_____   _____

_____   _____

_____   _____

_____   _____

Photos

Guest   40   Special   Message

_____   _____
_____   _____
_____   _____
_____   _____
_____   _____
_____   _____

Guest   Special   Message

_____   _____
_____   _____
_____   _____
_____   _____
_____   _____
_____   _____

Photos

Guest   40   Special   Message

_____   _____

_____   _____

_____   _____

_____   _____

_____   _____

_____   _____

Guest   Special   Message

_____   _____

_____   _____

_____   _____

_____   _____

_____   _____

Name	Gift	Thank you

Name	Gift	Thank you

Name	Gift	Thank you

Name	Gift	Thank you

My Party Guests

_____

_____

_____

_____

_____

_____

_____

_____

_____

_____

My Party Guests

_____

_____

_____

_____

_____

_____

_____

_____

_____

_____

_____

_____

My Party Guests

_____

_____

_____

_____

_____

_____

_____

_____

_____

_____

_____

My Party Guests

_____

_____

_____

_____

_____

_____

_____

_____

_____

_____

_____

_____

_____

Printed in Great Britain
by Amazon